48
Lb 99.

MÉMOIRE

AU CONGRÈS DE PARIS,

SUR LA PROPOSITION

D'UN CONTRAT SOCIAL EUROPÉEN,

PRÉCÉDÉ

DE RÉFLEXIONS POLITIQUES ET MORALES

SUR LES PÉRIODES RÉVOLUTIONNAIRES ET NAPOLÉONIENNES, ET
SUR LA RÉORGANISATION DU GOUVERNEMENT FRANÇAIS.

PAR M. LE Mᵻˢ. DE MANNOURY DECTOT,

MAIRE, Membre du Collége électoral du département de l'Orne, Che-
valier de la Légion-d'honneur, auteur de découvertes dans les arts,
Membre de la Société d'émulation de Liége, de la Société d'agricul-
ture et de commerce de Caen, et de l'Académie de la même ville.

On ne combat le mal avec succès, qu'en en
recherchant les causes avec soin.

A PARIS,

L. G. MICHAUD, IMPRIMEUR DU ROI,

RUE DES BONS-ENFANTS, Nᵒ. 34.

M. DCCC. XV.

MÉMOIRE

AU CONGRÈS DE PARIS,

SUR LA PROPOSITION

D'UN CONTRAT SOCIAL EUROPÉEN.

PÉRIODE RÉVOLUTIONNAIRE.

Un volcan plus terrible mille fois que ceux du Vésuve et de l'Etna réunis, placé au milieu de la France comme au centre de l'Europe, faisant au loin trembler la terre, forcée de s'entr'ouvrir en des gouffres tonnants, pour livrer passage à tous les éléments irrités, jetant ainsi l'épouvante parmi les faibles mortels, serait-il plus redoutable que ce volcan politique et belliqueux qui, sortant par des milliers de cratères, va porter, sans cesse, la désolation dans nos familles et la destruction chez tous les peuples du continent ? En effet, un tel volcan serait-il plus redoutable que la

I..

révolution Française dans son origine, ses progrès et ses suites désastreuses ?

Si les Français, éclairés des lumières de la raison, avaient cherché avec modération et avec sagesse à réformer les abus qui s'étaient glissés dans leur gouvernement ; s'ils avaient voulu jouir de toute la plénitude des droits naturels de l'homme, en s'élevant au plus haut degré de civilisation, le premier motif de la révolution eût été louable, et nous en eussions vu naître l'ordre et le bonheur ; mais les passions insubordonnées des hommes ont enfanté tous les désordres possibles : alors la France n'a plus été qu'un théâtre de confusions, de versatilités et de troubles. Tout perdant sa place et sa véritable destination, nous avons vu l'impie jouir de la récompense de la vertu, et la vertu partager l'abjection et les peines du vice ; la probité taxée d'une sotte retenue ; les succès attribués à d'adroites fourberies plutôt qu'à une juste cause ; enfin l'ambition et la témérité s'élever aux premières places, et le vrai mérite rejeté.

La France était grosse des événements qui devaient ébranler une forte partie de la terre : les passions venant à rompre tous les liens d'un gouvernement débile, se sont débandées en réagissant les unes sur les autres, ainsi que des ressorts comprimés qui déchirent, par des efforts simultanés, la trop faible enveloppe qui les retient. Tant de ressorts mis en œuvre ont donné de terribles impulsions aux machines humaines, et peu de jours ont suffi pour rendre toute la nation Française partie active, partie passive, ou partie dominante et partie victime.

Certains hommes se sont présentés au peuple comme des missionnaires zélés, inspirés par l'amour de la liberté, initiés dans la science suprême et guidés par la raison ; mais, en morale comme en politique, les hommes ne sont réellement sages qu'autant qu'ils se méfient de leurs forces ; et, dans ce cas, la présomption et la témérité les conduisent infailliblement à de fâcheux résultats. Aussi ces prétendus génies de la révolution, en quittant toutes les routes frayées, se sont-ils bientôt égarés ! En effet, que d'impudence dans leur conduite, mais aussi que de petitesses dans leurs vues ; que de systèmes presque aussitôt abandonnés qu'établis, et que de constitutions proposées à la nation Française, toujours trompée par un petit nombre d'intrigants qui savent tout oser pour leur élévation personnelle.

Quelle est donc la cause de tant d'égarements, de désordres et de calamités? Qui pourrait douter que c'est l'ambitieux et dévorant désir de dominer, de commander aux hommes, de briller dans les affaires d'état, d'être les arbitres et les dispensateurs des honneurs, et enfin de recevoir l'encens du public? En France l'ambition domine tous les hommes! le domestique pour se mettre au niveau de son maître, auquel il n'obéit plus qu'en rougissant ; le journalier pour devenir riche fermier; celui-ci pour atteindre à la magistrature; le soldat pour parvenir, sur un chemin funèbre, jusqu'au rang de général, et ainsi de proche en proche toute la masse de la nation veut changer de place en s'élevant de plus en plus. Cependant il serait funeste que nos terres restassent incultes et que nos manufactures et nos ateliers fussent déserts : cependant tous les hommes ne peuvent pas commander sans être commandés, et il n'a jamais existé de gouvernement où il n'y ait eu que des administrateurs, et jamais d'armée où il n'y ait eu que des officiers et des généraux. La société fourmille de gens qui veulent se faire grands ; sans bonne foi ni sincérité, ils se font un supplice de la prospérité d'autrui; on les voit toujours prêts à décrier, trahir, perdre, supplanter leurs concurrents , et enfin à se déchaîner cruellement même contre des hommes paisibles, s'ils leur étaient signalés comme des êtres privilégiés. Chacun veut en quelque sorte se déifier, s'ériger un culte et se faire adorer par une classe d'hommes subalternes.

Pour faire place à la cohorte effrénée des ambitieux, il fallait renverser le Roi, la noblesse, le clergé, et en un mot toutes les classes prépondérantes de notre ancienne et respectable monarchie. Mais pour obtenir un semblable résultat, il était indispensable d'égarer et de fomenter l'esprit du peuple ; aussi lui a-t-on proposé la conquête de la *liberté* et de l'*égalité*. La multitude n'a pas manqué d'embrasser ardemment ces deux chimères qui ont eu d'abord quelque réalité ; car, en devenant libre, elle s'arrogeait le droit de tout faire contre les lois, la justice et l'humanité, et en devenant égale, elle convoitait le partage des biens de deux classes d'hommes proscrites qui recevaient des fers au lieu de la liberté.

Réellement aussi respectable dans son humble chaumière que le prince ou le fier républicain sous leurs lambris dorés, le peuple a cessé de se croire heureux dès qu'on lui eut dit qu'il était esclave et qu'il avait besoin de secouer son joug. Il s'est demandé pourquoi il ne jouissait point des commodités de la vie, et pourquoi il était contraint d'obtenir, à la sueur de son front, ce que tant d'hommes possédaient avec luxe et superfluité. Il n'a point raisonné sur la possibilité d'un changement avantageux, mais ses prétentions et son illusion se sont établies sur un simple rapprochement avec ses semblables. Une partie nombreuse du peuple s'est donc rendue l'instrument de la révolution Française en favorisant, avec enthousiasme, le système d'élévation personnel de ses auteurs. Cependant, le peuple qui ne calcule point en politique, mais qui se laisse facilement entraîner, était loin de prévoir qu'il changerait de maîtres sans en recevoir aucun avantage. Son erreur était telle, qu'il considérait comme son égal, la troupe des républicains qui régnaient déjà sur lui sous les titres de directeurs, de représentants du peuple et sous mille autres dénominations.

PREMIÈRE PÉRIODE NAPOLÉONIENNE.

Napoléon Buonaparte monte sur le trône en criant *vive la république et haine à la royauté.* Comme il savait par lui-même que

les hommes de la révolution n'avaient prêché
la liberté que pour leurrer le peuple et dominer
un jour sur lui, il n'a pas manqué d'enrôler
tous nos modernes Catons dans l'état le plus
anti-républicain et le plus despotisque que
l'on ait jamais connu. Il lui a suffi, pour cela,
de créer des honneurs, des dignités et une
nouvelle noblesse, pour combler leurs vœux
et les transformer en lâches adulateurs.

Cependant ce changement s'est encore fait
au nom de la liberté et de l'égalité, parce que
le peuple conservait encore une forte réminis-
cence de ses premiers enchantements. Un mot
en France tient facilement lieu d'une réalité :
l'empereur républicain, connaissant l'art des
proclamations, la magie des adresses, l'éclat
des fêtes et l'importance de la censure, il fait
craindre, il séduit, il endort, et tous ces effets
concourent puissamment à son affermissement.
Bientôt il met une énorme distance entre lui et
ses grands dignitaires, et entre ceux-ci et le
peuple. Quant à la liberté, elle devient une
partie exclusive de ses prérogatives.

Si l'ambition pouvait avoir des bornes, l'empereur pourrait faire le bonheur de la France,
mais comme elle n'en connaît point, un nou-

veau conquérant veut être un nouvel Alexandre-le-Grand. Alors il faut bercer le peuple d'une autre chimère et le méduser. Pour le tromper sur ses véritables intérêts, et pour le rendre plus sensible à la gloire, mille fourberies et mille jongleries d'état sont mises en usage. Le temps vient, où il semble permis d'escamoter sous la pourpre ; et le trône paraît comme des tréteaux au milieu de la foule des hommes qui s'amusent de ce qu'on les trompe en fascinant leurs yeux.

Déjà séduits à leurs dépens, par les mots de liberté et d'égalité, les Français s'enflamment aux premiers accents de la gloire. A peine leur a-t-on vanté la valeur militaire, les charmes de la victoire, les combats et les conquêtes, qu'ils quittent tous leurs métiers pour n'en faire plus qu'un, et c'est le cruel métier de la guerre. Pour se couronner de lauriers, ils sauront tout franchir : on les verra porter leurs armes depuis les sables brûlants de l'Égypte jusqu'aux glaces de la Russie. Ce n'est cependant que la gloire de leur chef qui fait l'objet de leurs entreprises périlleuses ; tous concourent à son élévation, par une mort qu'ils bravent avec une intrépidité qui n'eut jamais d'exemple : ou ils culbutent tout ce qui s'oppose à leur passage, ou ils comblent devant lui les rivières et les précipices. Les armées Françaises s'avancent d'un royaume à l'autre avec une telle rapidité qu'il semble qu'elles y sont portées par la tempête; et sur les tablettes où devait s'écrire l'histoire de tant de héros confondus dans tous les rangs, s'inscrit le seul nom de Napoléon.

Nobles et vaillants Français, qu'il est douloureux pour votre patrie, qui s'énorgueillit de vous avoir nourris dans son sein, de considérer que vos vertus militaires ont été prodiguées contre ses véritables intérêts; car quelle est l'utilité de votre trop généreux sang, versé dans toutes les parties de la terre, et quel avantage particulier vos familles recevront de la mort de vos frères d'armes, autant oubliés dans l'histoire que dans les contrées où ils ont perdu la vie? Que n'avez-vous conservé votre précieuse existence pour défendre seulement nos frontières, nous assurer la paix générale, et enfin faire prospérer notre commerce et notre industrie.

Les Français armés les uns contre les autres pour conquérir la liberté, ou armés contre l'Europe pour l'asservir, n'ont fait que courir vers leur ruine, et les maux qu'ils se sont attirés sont épouvantables. Si la nation Française devait être lasse de tant d'entreprises extravagantes, combien aussi les divers peuples du continent devaient être irrités des fléaux qu'ils en avaient reçus. En effet, une guerre sans cesse renouvelée, sous les motifs les plus insidieux, leurs pays ravagés, la foi des traités violés par Buonaparte, étaient autant de raisons qui devaient tôt ou tard faire coaliser toute l'Europe pour renverser l'hydre qui régnait en France, pour le tourment de l'humanité. Ainsi toutes les nations liguées contre la France, par le besoin le plus impérieux, l'auraient infailliblement détruite, si elles n'avaient pas reconnu que la cause de tant de calamités résidait dans un seul homme, qu'il suffisait d'écarter pour les prévenir dorénavant.

PREMIER AVÈNEMENT DE LOUIS XVIII.

Les puissances coalisées ont dit, aux portes de Paris : Français, quel est votre vœu, et nous saurons le respecter ? Alors la majorité de la nation a répondu : Que Buonaparte cesse de régner sur nous, et que Louis XVIII reprenne le sceptre de nos rois, ses ancêtres. Alors Buonaparte a abdiqué à la face de toute l'Europe,

et Louis-le-Désiré a reçu nos serments de fidé-
lité.

A peine Louis est monté sur le trône que la
confiance renaît. Le commerce en se ranimant
fait concevoir mille spéculations diverses, et
fonde l'espoir d'enrichir celui qui voudra l'embrasser. Les finances restaurées par de nom-
breuses économies, font espérer bientôt de
grands soulagements dans les impôts. Pourrait-
on citer un meilleur Roi ? A-t-on jamais allié plus
de sagesse avec plus de lumières et de bonté ? Ses
ennemis, ces êtres vils mêmes, qui devaient
lui baiser les mains et le trahir, ne pouvaient
pas s'empêcher d'admirer et de vanter ses vertus. Pas un ennemi d'inquiété et pas un homme
ou d'emprisonné ou de puni : c'est un père qui
chérit ses enfants jusque dans leurs égarements.

Si les Français taxaient de faiblesse l'excès
d'amour de notre vénérable souverain pour son
peuple, je leur répondrais que ce serait faire
l'aveu honteux qu'ils ont besoin d'un tyran
doué d'un caractère féroce pour les contenir,
et que ce serait perdre tout le prix du haut degré de civilisation auquel ils peuvent atteindre:
car ils se décréditeraient dans l'opinion de tous

les peuples de la terre accoutumés à n'estimer les choses que par leurs résultats, et dont le jugement serait analogue à celui d'un voyageur qui conclut que la probité règne ou ne règne point dans un pays, selon que les clôtures et les lois répressives y sont plus ou moins nécessaires.

La France devait se promettre de longues années de calme, et elle avait besoin d'un repos parfait. Mais les intérêts des Français étaient aussi divisés que leurs opinions. Ceux qui s'étaient enrichis ont craint de perdre leur proie. Ceux qui avaient tout perdu ont crié à l'injustice de ce qu'on ne leur rendait rien. Ministres, magistrats, préfets et employés, généraux, officiers et soldats, tous voulaient conserver leurs places, monter en prérogatives, et ne rien partager. Jamais le trône ne fut aussi entouré de rivaux et d'intrigants, jamais le trône ne fut plus compromis et plus mal gardé.

D'un côté on y voit la fourberie, l'hypocrisie et la trahison, et de l'autre la loyauté jointe à l'inaptitude et à la mollesse : les uns y figuraient avec moins d'éducation, mais avec l'habitude de la ruse, les autres avec plus d'éducation, mais avec la présomption d'un mérite de naissance, qui devient nul avec des titres que l'on ne sait pas soutenir d'un mérite personnel et intrinsèque.

La vertu sur le trône a tout à craindre des vices qui l'entourent : sa conservation exige qu'elle ne s'en laisse jamais approcher de trop près, et elle doit être immédiatement gardée par la justice, la vérité, la force, la vigilance, la science et les bonnes mœurs. Le Roi possède en lui-même toutes les qualités qui sont nécessaires au bonheur des Français, mais ceux-ci ne sont point encore revenus à un degré de sagesse et de moralité tel qu'ils n'aient besoin que d'un bon prince pour les gouverner. Ce jugement ne concerne point la majorité de nos concitoyens, mais bien une certaine partie qui se fait craindre à l'autre, quoique beaucoup moins nombreuse ; et c'est une suite de la tyrannie du vice sur la vertu.

Parce que le Roi voulait entendre la voix de tout le monde, et concilier tous les intérêts, il s'est fait des ennemis dangereux dans cette classe d'hommes méchants qui veulent tout s'arroger. Il en aurait été tout autrement si le Roi avait repoussé les émigrés et les prêtres ; s'il avait promis la guerre à l'armée et remplacé

Buonaparte près d'elle; s'il avait été fallacieux
avec les trompeurs, impie et dépravé avec les
personnes de même caractère; s'il avait rejeté
toutes les institutions de ses ancêtres en prenant
tous les caractères de la révolution, et en s'en-
tourant des bourreaux de son auguste frère.
Ainsi, le Roi eût bien été un monstre couronné
mais un monstre impassible, parce que les mé-
contents qu'il aurait pu faire furent toujours
retenus par l'honneur et la délicatesse. Comme
le Roi ne peut point cesser d'être juste, et que
sa dignité et sa vertu sont imperturbables, ses
cruels ennemis ont miné les fondements de
l'édifice politique en faisant semblant de le soutenir, sauf à faire surmonter l'anarchie ou la
tyrannie sur ses débris.

Sous Buonaparte, la horde ténébreuse des
jacobins n'osait plus ni écrire, ni parler son
langage naturel, parce qu'il lui était donné
de l'emporter sur elle en malice et en ruse;
mais la bonté du Roi faisant croire à l'impunité, a bientôt donné lieu aux menées secrètes, aux insinuations perfides, aux supposi-
tions et aux calomnies atroces, et enfin aux
libelles et aux insultes directes. Quelques temps
d'impunité ont donné le temps de réchauffer
toutes les têtes révolutionnaires.

SECONDE PÉRIODE NAPOLÉONIENNE.

Une contre - police déjouait celle du Roi; et lors même que ce monarque chéri était encore assis sur son trône, Buonaparte régnait déjà par ses ministres secrets; ainsi, le masque de la bonne foi sur le visage, et la trahison dans le cœur, les serviteurs modernes du Roi servaient leur patron. Les différents corps d'armées, préparés, au mépris de leurs serments, avaient été disposés sur la route que Napoléon devait tenir, afin qu'il pût arriver à Paris de parade en parade. Enfin, tout a réussi d'abord à la plus noire trahison, et le succès de l'usurpateur, imprévu de la majorité des Français, a été une mystification outrageante pour elle.

Cet événement a pour cause principale l'esprit militaire de l'armée de Buonaparte, et pour cause concurrente l'esprit de toute la secte jacobine.

On sait que les jacobins ont fait tous leurs efforts pour renverser le gouvernement de Buonaparte, et on ne doute pas qu'ils n'en soient restés les ennemis secrets. Mais l'art de fein-

2

dre est pour eux un moyen de réussite; or,
ces deux sectes, tout en se guettant l'une
l'autre, se sont réunies pour combattre contre
la cause du Roi et de l'humanité, sauf à se
supplanter dans l'occasion.

Dans tous les lieux où se trouvaient les divers régiments en garnison, sous le règne de
la paix, on entendait dire aux militaires que
leur avancement était perdu, et que par cette
considération ils regrettaient de s'être ouvert
la carrière des armes : soldats comme officiers
tous désiraient la guerre, et un grand nombre
vociférait contre un prince qui les menaçait
d'une longue suite d'années de paix. L'éducation militaire disposait à de semblables sentii-
ments, et c'était ainsi que les élèves de nos
écoles publiques raisonnaient. C'est pour profiter d'une disposition aussi dangereuse, que
les jacobins ont cherché à présenter à l'armée
l'invasion des alliés, comme un fait déshonorant pour elle, et dont elle devait tirer vengeance ; c'est pour atteindre plus sûrement à
leur but qu'ils ont dit à tous nos braves que le
Roi, les nobles et les prêtres, avaient juré de
les réformer, de les dégrader, de flétrir leurs
lauriers, et d'anéantir leur gloire. Ils ont tant
agité les brandons de la discorde, qu'ils ont

divisé les Français en trois parties : l'une militaire, qui veut la guerre par métier, et qui ne raisonne qu'à coups de sabre ou de canon ; une autre qui soupire après la paix, et le libre exercice des lois et de la justice, mais qui n'ose émettre son vœu ; enfin une troisième partie ennemie des deux autres, et qui veut prouver, par de nouvelles terreurs, qu'elle a eu raison de condamner l'innocence, et de répandre le sang de ses concitoyens.

C'est à la suite de telles insinuations, que Buonaparte a été présenté à l'armée comme son libérateur et l'homme de ses destinées, et c'est comme cela qu'elle l'a reçu. Cependant, ce n'a pas été sans une grande répugnance, que l'armée s'est trompée sur ses devoirs envers son pays et son Roi : on l'a vue balancer unanimement entre son ancien général et la foi de ses serments, et l'on peut affirmer que si les généraux fussent restés fidèles, l'armée en eût suivi l'exemple ; mais un premier traître en fait déclarer un second, et une défection partielle en entraîne une générale.

Ce n'était point assez de séduire l'armée : pour soulever le peuple, on lui a fait craindre le rétablissement de la dîme et de la féoda-

2..

lité ; pour capter la jeunesse, on lui a dit qu'une religion trop amie des bonnes mœurs lui ferait perdre la liberté de l'éducation dépravée de la révolution ; pour enrôler les acquéreurs de domaines nationaux, on leur a fait appréhender la dépossession de leurs biens. Des listes de proscriptions ont été supposées ; on a crié au milieu du peuple à bas la noblesse, à bas la calotte, à la lanterne. Mais les hommes de la révolution n'ont point été écoutés, et le peuple est resté sage et humain. En vain, ils ont ourdi toutes les trames de l'enfer, pour faire régner Buonaparte : sa chute était dans les vues de la Providence !

Qu'est-il résulté de cette catastrophe ? La violation des serments et l'oubli des devoirs les plus sacrés ! Qu'a fait l'armée ? Après avoir été provoquer la vengeance des peuples les plus lointains, elle a soumis sa propre patrie, en lui imposant un chef qu'elle repousse, et en méconnaissant les vrais représentants de la nation. En paix, au-dehors et avec nous-mêmes, sous le règne du Roi, Buonaparte n'a pas plutôt été recelé par l'armée, que la guerre civile s'est allumée dans le sein de la France, et que toute l'Europe s'est armée contre nous.

L'armée était soldée par l'Etat ; or, elle devait

lui obéir et non point lui dicter des lois. De quel droit est-elle venue figurer dans nos assemblées électorales, pour substituer sa voix à la nôtre et forcer nos suffrages ? En vain, elle aura prétendu que la force est sans appel dans ce monde; n'y eût-il même que celle de l'opinion et de l'esprit national, elle succomberait dans son entreprise. En vain, prétendrait-elle légitimer sa conduite par de nouvelles conquêtes, et par une multitude de nouvelles victimes; parvînt-elle à vaincre et à subjuguer toute la terre, elle n'en aurait pas moins violé ses serments, manqué de subordination, bravé le vœu général, et enfreint les lois de la patrie. Ce ne sera point l'armée qui écrira son histoire, lorsqu'elle aura mêlé ses cendres à celles de ses pères; elle ne conservera plus rien de cette attitude, et de cet appareil qui la font redouter aujourd'hui de ses propres familles : la postérité jugeant d'elle comme nous jugeons, sans passion, des faits d'armes et des mœurs anciennes, ne lui pardonnera point les fautes qu'elle aura commises au milieu même de ses lauriers.

Si l'on s'est élevé contre le fanatisme religieux, que ne doit-on pas dire maintenant du fanatisme militaire. Il est porté à un tel degré,

que toutes les classes de la société en conçoivent maintenant le plus grand effroi. Il est vrai que le fanatisme religieux a fait faire les massacres de la Saint-Barthélemi ; mais plus fatal mille fois à l'humanité, le fanatisme militaire a pu frapper, dans une seule bataille, un plus grand nombre de victimes : or, combien comptons nous de semblables combats depuis vingt-cinq ans? Le militaire veut une prépondérance absolue ; ainsi, l'humble cultivateur, le négociant honoré de sa bonne foi, le juge et le magistrat intègres, le législateur éclairé et rempli de l'amour de sa patrie, ne sont rien près d'un officier qui a commandé une charge de cavalerie, ou près d'un général qui a fait joncher de morts un champ de bataille.

L'homme s'égare facilement sur les objets de son amour-propre : le militaire met tout le sien dans sa vaillance et ne raisonne point sur son attitude dans la société ; il y revient avec celle qu'il doit avoir à l'armée, et lorsqu'il fait face aux ennemis de la France. Bouillant de bravoure, avide d'honneurs et de gloire, le soldat français ne réfléchit jamais sur les motifs des guerres dont il est l'instrument, et il lui suffit de vaincre pour s'en croire honoré. Tel fut son sentiment en Espagne, quoique le prin-

cipe de la guerre fut déshonorant pour le gouvernement qui l'entreprenait. Telle vient d'être
son erreur, relativement à la guerre de Buonaparte contre la France et contre l'Europe.

L'armée est maintenant humiliée d'avoir été
vaincue ; l'idée d'une supériorité sans exemple
revient sans cesse pour l'irriter. Si long-temps
maîtresse de l'Europe, dont elle a parcouru
les limites, elle se croit captive lorsqu'elle se
trouve renfermée dans celles de sa patrie, et son
ame est déchirée lorsqu'elle voit autour d'elle
les mêmes troupes qu'elle a vaincues tant de
fois. Il y a dans l'esprit de l'armée une noble
fierté, de la dignité et de l'héroïsme ; et avec
de semblables qualités, il lui est facile de faire
oublier ses erreurs et de se replacer au milieu
de nous , couverte de gloire. Qu'elle réflé-
chisse qu'en se sacrifiant inutilement, elle lais-
serait notre patrie sans défense et peut-être,
dans peu ; à la merci de la moindre puissance
qui voudrait l'envahir. L'armée n'est-elle pas
composée de Français nés sous le même ciel,
nourris sur le même sol, et tous liés par les mêmes
intérêts relativement à l'Europe ; alors pourquoi sommes-nous divisés d'opinions , et pourquoi affaiblir le faisceau de nos forces en les
divisant ? N'écoutons donc que l'intérêt général,

et qu'il n'y ait plus en France que le commun
amour de la patrie et le seul cri de *Vive le Roi*,
pour mot de ralliement des Français recon-
ciliés.

Voilà bien le résultat que tout honnête
homme doit désirer; mais qui osera parler à
l'armée ? Quoique la franchise caractérise émi-
nemment les militaires, ne dois-je pas craindre
que la mienne ne leur fasse méconnaître la
sincérité de l'intérêt et de l'admiration qu'ils
m'inspirent; il appartient aux généraux qui
commandent l'armée, de redresser ses opinions
et de dissiper les craintes qu'on lui a fait concevoir sur les intentions du Roi. Loin de là,
la plupart d'entre eux veulent généraliser leurs
fautes, dans l'espoir d'en éviter la punition,
en compromettant la multitude : voilà la vraie
cause qui retarde le retour de l'armée vers le
meilleur des Rois.

Parmi les partisans de Buonaparte, nous
en avons remarqué beaucoup qui le haïssaient
personnellement, mais qui concouraient au
rétablissement de son gouvernement, par un
motif d'intérêt qu'il est important de signaler.
Un bon père fait tout ce que ses moyens lui
permettent de faire pour ouvrir à ses enfants

une carrière avantageuse , soit dans l'état militaire , soit dans l'état civil. Par suite des insinuations dont nous avons parlé, la Discorde a fait naître les jalousies et les inquiétudes de l'ambition. Troublant donc les sollicitudes paternelles, elle a dit : *Les nobles seront seuls admis aux écoles du gouvernement ; ils posséderont toutes les places, et la roture se trouvera replongée dans l'obscurité d'où elle était sortie.*

Encore bien que de tels propos ne fussent nullement fondés , ils ont néanmoins produit la plus vive sensation ; et cette sensation était d'autant plus naturelle qu'un père croit se voir revivre dans son fils, et que le fils fonde l'illusion et l'espérance de ses jouissances dans son avancement et sa consistance dans l'état social. Les sentiments identiques du père et du fils reposent sur l'intérêt et sur l'ambition, qui sont deux passions crédules et soupçonneuses. Quelques faveurs accordées aux anciens nobles, à qui on avait tout enlevé, ont fait croire aveuglément au rétablissement de tous leurs priviléges.

Si de telles inquiétudes étaient fondées, il ne serait point dans notre caractère d'en défendre

la cause, et nous jugerions qu'il serait bien
vicieux le gouvernement qui n'accorderait
point au vrai mérite toute la protection et
l'avancement qu'il doit justement espérer.

Les lois doivent être telles, que tous les
hommes conservent la plénitude de leurs droits,
et le pouvoir exécutif tel, que les lois soient
appliquées de la manière la plus favorable à
la prospérité publique.

Pour répondre à toutes les fausses assertions
qui ont été débitées relativement à cet objet,
nous n'aurions qu'à analyser la Charte consti-
tutionnelle du Roi, et nous prouverions qu'elle
établit à jamais une parfaite égalité devant la
loi. Mais voyons un peu ce qui résultait, sous
ces considérations, du gouvernement de Buonaparte.

La chambre des pairs était héréditaire :
les pairs étaient des nobles que l'on avait pu
choisir en raison de leurs talents personnels ;
mais il est incontestable que, par la suite, il
aurait pu naître d'eux des imbécilles qui seraient venus siéger infailliblement dans la
chambre, et sur le soin desquels auraient reposé
les grands intérêts de l'état. Cette hérédité
aurait bien fait murmurer nos républicains

persévérants, si elle n'avait pas été établie au bénéfice de leurs propres descendants; mais que ne peut-on métamorphoser, avec des titres et des honneurs ? De cette fois nous ne comptons plus personne qui ait résisté aux enchantements de Buonaparte! Fallait-il donc tant crier, *à bas la noblesse*, pour la convoiter un jour.

Sous Buonaparte, les barons, les comtes, les ducs, les maréchaux de l'empire et les princes auraient conservé toutes les faveurs du gouvernement, soit pour eux ou pour leurs familles. Leurs enfants n'auraient pas manqué d'évincer toutes les personnes moins accréditées, et il y aurait eu entre eux et la foule ignorée de nos concitoyens, au moins la même distance qu'entre ces derniers et les nobles sous le règne de Louis XVIII. Tout le changement aurait donc consisté dans la différence des hommes; et l'on conçoit facilement que l'échange de la faveur ne diminue point son inégalité.

Le Roi, rempli d'intentions pacifiques et libérales, avait conservé la majeure partie des places aux partisans de Buonaparte, et l'ancienne noblesse n'en possédait que quelques unes. Cette dernière classe n'avait à espé-

rer , . sous l'usurpateur , que l'exclusion ,
les persécutions , ou la mort. Nous pourrions
à cet égard fournir les preuves les plus fortes ,
et l'on peut dire que si la police n'eût point été
confiée à un homme de génie, voué à la cause
de l'humanité, il se serait commis les plus
grands crimes. Quels étaient donc alors les
résultats de cette libéralité et de cette liberté
tant vantées ? et n'est-il pas démontré jusqu'à
l'évidence, que les prosélytes de Napoléon
voulaient s'emparer exclusivement de toutes
les prérogatives de la société ? Ils auraient vo-
lontiers rétabli la dîme et la féodalité s'ils en
avaient eu le bénéfice ; et nous donnons pour
raison, autant affirmative que probable , l'avi-
dité avec laquelle ils ont sollicité les titres et la
noblesse de Napoléon.

L'avènement de Buonaparte au trône de
France était un sujet d'alarme pour une multitude de personnes qui avaient écrit et parlé
contre lui. La promesse qu'il faisait de tout
pardonner, comme le ferait un coupable envers
les juges qui l'auraient condamné , n'inspirait
aucune sécurité, surtout lorsque l'on recon-
naissait que chaque jour de son usurpation
était signalé par un mensonge. Tout homme
doué d'un peu de jugement, se croyait convaincu

que toute l'Europe s'armerait pour la destruction de l'ennemi de l'humanité.

Buonaparte avait assez fait pour être banni à
perpétuité de la société européenne, et il ne
pouvait plus inspirer de confiance, ni à la saine
partie de la nation française, ni aux puissances
alliées. S'il est vrai que Louis XVIII méritait
l'amour des Français et la protection affec-
tueuse des alliés, il n'est pas moins certain que
quand bien même les Bourbons n'auraient
point existé, la guerre eût été également entreprise contre Buonaparte : or, cet homme était
une cause de ruine pour la France; et dans
l'île d'Elbe on a vu s'ouvrir une nouvelle boîte
de Pandore.

On s'est efforcé de présenter la guerre de
Buonaparte comme une guerre nationale, et
l'on a fait armer une partie des Français pour
une prétendue indépendance. Par une opposi-
tion juste et naturelle, nous ferons remarquer
que la paix dont nous jouissions sous le règne
du Roi, était une paix nationale, et qu'ainsi la
France jouissait d'une véritable indépendance.
D'un autre côté, il est incontestable que les
puissances étrangères ne faisaient aucun pré-
paratif de guerre contre la France, avant la

dernière tentative de Buonaparte; or, nous pouvons en conclure que la guerre civile et européenne n'a été provoquée que par les napoléoniens.

Nous avons prouvé dans un Mémoire adressé, le 23 juin 1815, à la Chambre, dite des représentants, que cette Chambre n'avait point une représentation légitime, n'ayant été nommée que par un petit nombre d'électeurs. La nation Française avait des représentants dignes de toute sa confiance : il n'appartenait point à un homme sans qualité de les faire remplacer, et la force sans la justice ne devait avoir que des résultats éphémères. Ce n'a été que pour sa honte, que la Chambre usurpatrice est allée au Champ-de-Mars se prosterner aux pieds de Napoléon, qui lui parlait, tête couverte, comme un maître à son esclave. Enfin, méconnaissant que la souveraineté appartient à la nation, ce n'a été que pour sa honte qu'elle a décerné à Buonaparte le droit de dissoudre et de suspendre à son gré les deux Chambres.

Que Buonaparte ait voulu régner, ou sacrifier la France, cela entre naturellement dans le plan de sa vie; mais qu'une corporation de

Français, qui veut prendre sur sa responsabi-
lité les intérêts de notre patrie, ne fasse rien
pour la garantir de tous les fléaux dont elle
est menacée ; c'est ce qui ne se conçoit point.
Cependant, quel est le Français qui ne s'est·
pas dit isolément que la proscription d'un seul
homme aurait fait le salut de la France; il semble que l'intelligence humaine diminue plutôt
que d'augmenter par la multiplicité des voix
dans les conseils des hommes, et ici ce serait
peut-être le cas d'appliquer le *mot* de Piron
aux académiciens.

Notre armée avait à lutter contre toutes les
forces de l'Europe, et contre la majeure partie des Français : or, la guerre de Buonaparte
était une folie, et l'armée, sous son comman-
dement, est allée dans les plaines de Fleurus,
comme un joueur obstiné qui va sur un tapis
faire *le va-tout* des restes de sa fortune. Buonaparte a joué son armée, et l'a perdue sans
que la Chambre ait rien fait pour l'en détour-
ner; n'y eût-il que cette faiblesse à lui reprocher, elle prouverait qu'elle n'a été que la
Chambre de Buonaparte. Que doit-on penser
d'ailleurs de sa persévérance à compromettre
l'armée, en soufflant le feu de la discorde, et
en excitant l'orgueil des opinions ?

Que des animaux se livrent aveuglément à
leur cruel instinct, qu'ils cèdent ou résistent
au hasard à une cause légère, on ne doit au-
cunement s'en étonner, puisqu'il ne leur est
pas donné de réfléchir et de raisonner ; mais
que des hommes s'abandonnent à tous les désordres sans retirer aucun fruit de leur expérience, c'est ce qui confond la raison ; et
c'est cependant ce qui arrive maintenant en
France. Quoique les pertes de la France soient
énormes, que le sang coule encore de ses plaies
profondes, que son fardeau soit accablant et
ses peines journalières, on voit encore des
Français attachés au principe de nos calamités.

Il faut convenir que Buonaparte a exercé
sur l'humanité une grande influence, et qu'il
a tout fait pour éterniser sa mémoire. Pourrait-
on trouver une famille en Europe qui n'eût
point reçu de lui un malheur quelconque ?
Combien de mères ont baigné leur sein de
larmes amères, et combien d'orphelins lui doivent la perte de leur soutien ! Oui, Napoléon !
tant que l'astre du jour éclairera la terre, il
fera remarquer quelques vestiges de tes rava-
ges, et la nuit des temps ne pourra jamais les dé-
rober aux regards de la postérité la plus reculée.

RETOUR DE LOUIS XVIII,

ET RÉORGANISATION DU GOUVERNEMENT FRANÇAIS.

Les peuples de l'Europe, lassés des provo-
cations réitérées qu'ils avaient reçues des armées de Napoléon, lassés des fléaux qu'ils ont
supportés pendant une longue suite d'années,
auraient pu user d'une réciprocité funeste à la
France. Si l'on ne vit jamais une coalition aussi
constamment unie que celle qui vient d'envahir
notre patrie, nous aimons à croire qu'il n'en
exista jamais d'aussi magnanime. Avec de telles
dispositions, nous avions besoin néanmoins
d'un médiateur; et ce médiateur est notre Roi.
Revenu avec les mêmes sentiments de bonté,
Louis XVIII ne veut user de sévérité qu'autant qu'elle est nécessaire à notre sûreté; son
cœur est le point de ralliement de tous les
Français; sa voix est celle de la paix : empres-
sons-nous donc de l'écouter et de nous réunir
autour de lui.

Il s'agit maintenant de nous éviter une nouvelle catastrophe, en réorganisant le gouvernement Français. Cruellement instruits par l'expérience, il faut détruire toutes les causes qui
ont produit celle dont nous éprouvons les effets.

3

Les napoléoniens, imitant cette activité qui
fit seule toute la réputation de leur chef, ne
cessent de s'agiter en tous sens. Si leur cause
était établie sur de bons principes, je dirais
qu'ils ont raison d'être vigilants, et je croirais
à leurs succès. Pourquoi donc les ministres et
les amis du Roi ne seraient-ils pas aussi actifs?
Toute *mollesse*, dans la position où nous nous
trouvons, serait coupable, et ferait croire que
l'adversité affaiblit le caractère. La cause des
napoléoniens est perdue sans retour, et nous
n'avons plus rien à en craindre, si nous savons
profiter avec intelligence des moyens qui nous
sont offerts. Le premier de ces moyens consiste
à ne laisser aux Français aucun intérêt de
servir une telle cause, en leur assurant toute
espèce de justice.

Le Roi peut tout maintenant, au milieu des
alliés, et il n'usera de cet avantage que pour le
bonheur de la France. La raison exige que la
réorganisation du gouvernement et la régéné-
ration de ses employés se fassent dans le délai le
plus bref; car le bon ordre et la sécurité ne
peuvent point être trop tôt rétablis. D'ailleurs
on conçoit qu'un instant de retard dans le dé-
sordre pourrait compromettre tout le corps social, et que la moindre hésitation encoura-

gerait les méchants, et affaiblirait la confiance des bons.

Il nous semble qu'il est rigoureusement indispensable de n'accorder les emplois prépondérants qu'à des personnes éprouvées par l'expérience et la séduction des temps; en outre, nous désirerions, pour notre entière tranquillité, que les napoléoniens exaltés voulussent consentir à n'occuper d'abord que des emplois privés d'une grande influence.

Il ne suffit point d'être royaliste pour obtenir une place, mais il faut savoir la bien remplir; d'un autre côté, il faut aussi éviter les exclusions, quand le talent, les mœurs et la bonne conduite font excuser une opinion égarée. Dans ce cas, la nécessité de ne confier le salut public qu'aux vrais amis de la France, se modifie avec la nécessité de rallier tous les Français, et de les rattacher à l'intérêt général.

Ce ne pourrait pas être pour le Roi que je voudrais faire de telles observations; digne d'admiration sous tous les rapports, sa sagesse a prévu tout ce que je pourrais présenter à ses sollicitudes: si je prétendais à quelque mérite, ce serait d'être ici son fidèle interprète.

Tous ceux qui ont servi la cause du Roi vont

3..

se croire en droit de lui demander, soit un emploi ou une faveur quelconque. Tous ceux qui
possédaient des places sous Buonaparte, et qui
n'ont pas d'autres moyens d'existence, vont
également venir réclamer près de lui. Tant
d'*aspirants* forment un si grand nombre d'hommes, que l'imagination en est effrayée. Les
contenter tous est une chose impossible, et
voilà un des plus grands obstacles à notre tranquillité.

Pour se faire une juste idée du nombre de
gens à placer, il faut se rappeler l'état de gran-
deur où la France était parvenue lorsqu'elle
possédait, soit directement ou médiatement la
Belgique, la Hollande, l'Italie, et les dépouilles
de l'Espagne et du Portugal. Il faut considérer
avec quel luxe elle se parait dans sa splen-
deur, et énumérer les individus employés
à son service; considérant ensuite que, par les
événements de 1814, elle s'est trouvée resser-
rée dans ses anciennes limites, on concevra
que tous les appareils de son agrandissement
immodéré se sont repliés sur eux-mêmes, et
que la foule de ses employés s'est concen-
trée dans son sein. Sous un point de vue loin-
tain, nous comparons la France réduite à un
millionnaire qui, malgré les revers qu'il aurait

éprouvés dans sa fortune, voudrait encore conserver les grandes habitudes qu'il se serait créées, en s'abandonnant aux excès d'un tempérament fougueux. Comment faire pour satisfaire à tant de besoins? En vain vous direz aux aspirants que le gouvernement a les plus puissants motifs de réforme; c'est comme si vous vouliez prêcher la sobriété à un peuple affamé; le seul argument qu'il écouterait serait celui qui le nourrirait. Il en est en tout de même; il importe peu aux hommes qui ont quelques vues d'ambition ou d'intérêt à contenter, d'entendre raisonner; ils prennent les vérités les plus évidentes pour des déclamations d'opinion, et ils ne calculent que les résultats. Ainsi, pour accorder tous les Français, on y parviendra moins par des discours que par un mode organique qui convienne à l'esprit, aux besoins et à l'état actuel de la nation.

Ce serait se tromper que de croire que le bon emploi des ressources de la France, et l'heureux choix des moyens les plus favorables à l'intérêt général, puissent détruire tous les ennemis du gouvernement. Il faudra indispensablement en venir à des voies répressives. Alors le gouvernement pourra dire : *je satisfais à la justice, à la liberté individuelle et à la pros-*

périté publique ; mes sollicitudes sont inspirées
par une conscience pure, et ma sévérité est
réglée sur le sentiment de mes devoirs : je res-
pecte toutes les opinions qui ne sont pas con-
traires à la société, mais malheur à ceux qui
oseraient attenter au repos de la France ; il
n'est plus de pardon pour les ennemis de l'hu-
manité. En effet, les dangers de l'impunité
nous ont été prouvés par tous les événements
révolutionnaires qui sont survenus depuis vingt-
cinq ans. Il faut qu'un gouvernement sache, à
temps, frapper un coupable ; chargé de veiller
à la conservation de toute une nation, il tra-
hirait ses devoirs, s'il s'abandonnait aux sentiments de bonté qui feraient honneur à un simple
particulier.

L'armée a besoin d'être entièrement réorga-
nisée, tant en raison des pertes d'hommes
qu'elle vient de faire, qu'en raison de ses opinions. Mais, relativement à cet objet, nous ferons remarquer que tous les militaires qui ont
pris les habitudes et le caractère de leur état
ne conviennent plus à une autre destination ;
ils ont perdu l'habitude du travail, et seraient
incapables de pourvoir à leur existence, s'ils n'en
avaient pas d'ailleurs les moyens. Nous affir-
mons que cette idée seule a attaché beaucoup

de militaires au char de Buonaparte. Sous
d'autres rapports, l'exemple de leurs mœurs
pourrait produire de grands effets dans le sein
de nos familles; car les vertus militaires ne
conviennent pas toutes à l'état civil. S'il m'était
donc permis de m'étendre à cet égard, je prou-
verais qu'il y aurait de grands inconvenients à
trop multiplier les réformes. Tout mis en
balance, la difficulté est éminente ; d'un
côté la justice commande de satisfaire aux besoins individuels de l'armée, et d'un autre côté
la prudence commande de s'assurer de sa fidé-
lité : or, ce qui convient sous un rapport, ne
convient point sous l'autre. Il serait bien heureux de n'avoir à prendre aucunes mesures envers l'armée et qu'elle voulût les rendre inutiles,
car elle serait ainsi l'honneur et le soutien de la
France. N'ayant point le droit de traiter un
objet aussi important, nous nous bornerons à
exciter l'attention qu'il mérite, et à faire sen-
tir l'urgence de prendre sans délai le parti le
plus sage. On sait qu'une force mal dirigée est
à craindre, et que s'il y a de grandes qualités
dans l'armée, il y a aussi de grandes passions.
Les foudres guerrières sont comparables aux
foudres célestes, elles ne vont jamais qu'un
train de foudre, et enfin nous sommes avertis
que Minerve a disparu, et que Mars seul gui-

dant nos phalanges frémit et craint pour son sceptre , lorsqu'il s'agit de fermer les portes du temple de Janus.

Le choix des autorités administratives requiert le plus grand soin : je m'arrête spécialement à celui des maires, parce qu'ils ont un rapport immédiat avec le peuple. La plupart savent à peine signer leur nom , et sont plongés dans la plus grande ignorance; c'est surtout leur moralité qu'il faut examiner, car il est facile à un maire de donner une bonne impulsion à ses administrés , comme il lui est facile de les corrompre, vu que la multitude des hommes imite plus qu'elle ne raisonne.

Les colléges électoraux sont les premiers organes de la nation ; ce sont eux qui sont chargés de nommer ses représentants. Pour faire concevoir l'importance de la bonne composition des colléges , nous tirerons de l'expérience deux considérations majeures : la première, *de l'a-bus que l'on a fait , dans la révolution , du principe , que l'autorité souveraine appartient à la nation , en violant la personne sacrée du roi et en nous précipitant dans tous les désordres de l'anarchie ;* la seconde , *de l'usurpation de l'autorité souveraine et du trône par Buonaparte qui nous a accablés par les extrêmes de la tyrannie et du despotisme, en conduisant la France vers sa décadence.* De ces deux considérations nous devons donc conclure *que la nation doit avoir une garantie vis-à-vis de la puissance royale, et que la puissance royale doit avoir la sienne vis-à-vis de l'autorité nationale.* Qui est-ce qui peut garantir la nation ? ce sont ses représentants. Qui peut attenter au Roi ? ce sont encore les représentants. Or, dès que les collèges électoraux font choix des représentants, il convient qu'ils soient bien composés. Les collèges de département nous ont paru favorablement choisis ; mais nous n'oserions pas en affirmer autant des collèges d'arrondissement ; et on ne peut disconvenir que nos nominations ne portent généralement l'empreinte de nos révolutions successives.

Dans une tâche aussi laborieuse et aussi grande, il faut que rien ne s'oppose aux vues du Roi ; chacun doit se faire un devoir de concourir avec le gouvernement à rétablir promptement la paix et le bon ordre. L'état actuel de la France impose des sacrifices à tous les Français : n'est point le véritable ami du Roi, celui qui lui fait des ennemis par un ton de mépris, ou par des vexations secrètes ; on ne voit que trop de gens qui traitent les affaires du gouvernement d'après leurs sentiments, leurs haines et leurs intérêts privés. Il nous faut de l'aménité, de la discrétion et de la justice. Les Français sont avides de la considération publique, et il suffit souvent de la leur accorder pour qu'ils s'efforcent de la mériter. Évitons, dans le commerce de la société, de reprocher les erreurs d'opinion, afin qu'une partie de nos concitoyens ne veuille jamais se réconcilier sincèrement, parce qu'ils auraient été trop vivement blessés dans leur amour-propre. Ressouvenons-nous des dangers que nous venons de courir, et songeons à ceux qui nous menacent encore, dans ces temps de tribulations, où la vie et la mort des hommes ne semblent plus dépendre que des jeux d'un aveugle hasard ou du caprice d'un soldat ; dans ces temps, où la vertu, sans protection, périt à côté du crime et où la fortune est un sujet de perte. Confiés aux soins de la Providence, et reconnaissants des maux dont elle nous a préservés, méritons sa protection par des sentiments pacifiques et généreux ; car nous l'avouerons à notre particulier, nous avons craint d'être forcés de renoncer à jamais au berceau de notre enfance et à notre chère patrie.

DE L'INVASION DE LA FRANCE,

ET DU CONTRAT SOCIAL EUROPÉEN.

Les frontières de la France ont été, pendant des siècles nombreux, comparables aux rivages de la mer, où les flots en furie viennent se briser; les peuples de la terre auraient fait de vains efforts pour les franchir isolément, et ils seraient tous venus s'y anéantir. Buonaparte, en abusant des forces de la France, les a insensiblement énervées; une fois divisée, elle est devenue accessible, et l'Europe est maintenant campée dans les camps de ses vainqueurs.

O ma patrie! pourras-tu jamais supporter le sentiment de tes peines? Mère éplorée, tes enfants, pour s'être méconnus, tremblent éperdus, ou expirent sur ton sein! Te faudra-t-il nourrir long-temps des peuples étrangers, leur livrer tes moissons, tes animaux, tes dépouilles, et, dans leur nudité, voir mourir tous les tiens de faim et de misère! Tes lions, emportés par un orgueil pervers, ont abandonné ton humain troupeau, qui n'est plus composé que de victimes disposées au sacrifice. Quelle attitude conserve ton vénérable chef? Chaque matin je demande au jour qui paraît si le roi de France est véritablement libre sur son trône, et si quelques pleurs n'ont point coulé sur son visage déjà trop sillonné des rides de l'adversité. J'interroge la nuit, pour savoir si mes concitoyens ont reçu quelque repos d'un sommeil furtif. Dans l'exaltation de mon imagination, qui ne peut se rassurer sur la garantie des hommes, je songe héroïquement à ton salut, ma chère patrie ; je crois m'élancer au travers des restes débandés de nos armées, braver mille dangers et essuyer mille rebuts avec persévérance, et m'écrier : Français! la patrie vous appelle ; qui de vous oserait méconnaître sa voix ? Le panache du grand Henri vous devance et vous guide ; venez entourer le trône de votre Roi ; il n'est plus d'autre lieu où vous puissiez trouver l'honneur. Rendus à vos devoirs, et réunis à tous les Français, vous saurez avec eux défendre les droits de la France, ou vous ensevelir honorablement sous ses ruines. Enfin, ma raison subjuguée s'irrite de l'incertitude des choses humaines, et mon ame, remplie d'amour et d'anxiété, ne peut plus se reposer que dans le sein de la Divinité, comme arbitre et protectrice de nos destinées.

Augustes princes ! pardonnez à mon cœur ce mouvement involontaire ; je ne prétends point

insulter à l'élévation de vos sentiments, et je
rends justice à la loyauté de vos intentions. Je
vous admire, célèbre Wellington, qui nous
prouvez chaque jour que votre nation est civi-
lisée jusque dans ses camps; et vous, magnanime Alexandre, dont j'ai déjà célébré les vertus, pourrais-je méconnaître les grandes qualités qui feront passer à la postérité votre mémoire révérée!

Non, dignes Alliés, vous n'êtes point venus
pour nous donner des fers et nous traiter comme
un peuple conquis. Vous savez que la majorité
des Français s'est confiée à vos promesses, et
que si elle n'a pas pris les armes contre vous,
c'est parce qu'elle savait que vous ne vous ar-
miez que pour elle et pour son Roi : or, vous
n'êtes pas faits pour séduire et pour tromper.
Parce que nous vous avons, en grande partie,
ouvert nos portes, nous sommes maintenant à
votre discrétion ; nous aurions trahi la France,
si vous abusiez de notre confiance, et cette confiance est le plus grand hommage que nous puis-
sions rendre à votre bonne foi et à vos nobles
sentiments. Je suis loin de l'intention de vous
irriter, quoiqu'il soit vrai que je voudrais user
d'une fierté inflexible, si je parlais au nom de
la nation Française qui doit préférer la mort à

la servitude : mais simple particulier, il me serait doux de pouvoir m'appuyer sur votre sein
comme sur un sein paternel, pour y plaider la
cause de mes frères. Que ne doit-on pas offrir en
sacrifice à la patrie? il me semble que c'est jouir
que de mourir pour elle. Mais qu'ai-je dit, et
quelles pouvaient être mes craintes? l'Europe ne
nourrit point de peuples barbares susceptibles
de se liguer pour dépouiller et démembrer les
royaumes ; le traité de Paris sera entièrement
respecté. Ainsi donc, les armées des puissances
alliées ne séjourneront en France que pour y
protéger le vœu général de la nation, affermir
le trône de notre légitime souverain, réprimer
les factieux et détruire tous les germes de nos
discordes politiques.

Tous les peuples réunis en société ont un
code de lois et un contrat social quelconque,
qui obligent chaque individu en faveur de la
conservation générale. On ne pourrait pas dire
que de tels peuples seraient *esclaves*, par la
raison qu'ils seraient individuellement assujettis
aux lois ; car, au sentiment même de J. J. Rous-
seau : *c'est être libre que d'obéir à la loi qu'on
s'est prescrite.* Ce célèbre auteur fait une juste
distinction entre la liberté naturelle, qui n'a
pour bornes que les forces de l'individu, et la

liberté civile, qui est limitée par la volonté générale ; enfin il affirme qu'il n'y a que les malfaiteurs de tous les états qui empêchent le citoyen d'être libre, et que dans un pays où tous ces gens-là seraient aux galères, on jouirait de la plus entière liberté.

Ainsi que les hommes, les états peuvent se réunir en société, et former un pacte social, en vertu duquel chaque état subordonnerait sa puissance à la suprême direction de la volonté générale, recevant en corps chaque état, comme partie indivisible du tout. Un tel contrat n'aliénerait point la liberté des nations, qui ne feraient qu'obéir aux lois qu'elles se seraient imposées ; et nous aurions encore, dans ce cas, à distinguer la *liberté naturelle et partitive*, qui n'a pour bornes que les forces particulières de chaque état, de la *liberté civile et collective*, qui serait limitée par la volonté générale. Suivant toujours ici l'analogie des principes du citoyen de Genève, nous proposons au congrès de l'Europe, la solution suivante :

Trouver une forme d'association Européenne qui défende et protége, de toute la force commune, le corps politique et les possessions territoriales de chaque état associé ; et par laquelle chacun de ces états s'unissant à tous , n'obéisse pourtant qu'à lui-même , et reste aussi libre qu'auparavant.

Du contrat social Européen résulterait infailliblement la paix de tous les peuples qui se seraient empressés d'y stipuler leurs intérêts. Il est naturel de croire qu'aucune puissance ne voudrait en subjuguer une autre, si elle avait la certitude d'être réprimée par toutes les puissances associées, intéressées à faire respecter leur contrat.

Appelés sur leurs trônes, dans un siècle aussi fécond en événements que le nôtre, nous ne doutons point que les souverains réunis au congrès ne profitent de l'occasion de s'immortaliser dans l'histoire, par une conduite aussi sage que juste. Ainsi ils pourront donner essor aux plus beaux sentiments qui distinguent l'humanité ; et la prospérité de l'Europe, pour les siècles futurs, est soumise à leur génie.

Mon objet était au-dessus de mes forces ; je n'ai fait qu'indiquer ce que j'aurais dû développer avec étendue. Une main plus exercée que la mienne pourra mieux le traiter. Je me trouverais heureux du peu d'utilité qu'aurait pu produire le travail de quelques jours ; car on ne jouit réellement de la vie qu'autant qu'on sait la faire fructifier.

FIN.

www.ingramcontent.com/pod-product-compliance
Lightning Source LLC
LaVergne TN
LVHW022039080426
835513LV00009B/1138